"健康的生活方式"系列丛书

少林 八段锦

释延升 编著

中央民族大学出版社
China Minzu University Press

图书在版编目（CIP）数据

少林八段锦/释延开编著. — 北京：中央民族大学
出版社，2023.6

（"健康的生活方式"系列丛书/释永信主编）

ISBN 978-7-5660-2180-9

Ⅰ. ①少… Ⅱ. ①释… Ⅲ. ①少林寺 — 八段锦 — 教材
Ⅳ. ①G852.9

中国国家版本馆CIP数据核字（2023）第005054号

少林八段锦

编　　著	释延开
策划编辑	赵秀琴
责任编辑	赵秀琴　于秋颖
责任校对	杜星宇
封面设计	舒刚卫
出版发行	中央民族大学出版社
	北京市海淀区中关村南大街27号　　邮编：100081
	电话：（010）68472815（发行部）　传真：（010）68933757（发行部）
	（010）68932218（总编室）　　　　　（010）68932447（办公室）
经 销 者	全国各地新华书店
印 刷 厂	北京鑫宇图源印刷科技有限公司
开　　本	787×1092　1/16　　印张：12
字　　数	148千字
版　　次	2023年6月第1版　2023年6月第1次印刷
书　　号	ISBN 978-7-5660-2180-9
定　　价	49.90元

"健康的生活方式"系列丛书编辑委员会

序 🌊

　　天下功夫出少林。少林功夫凝结了少林寺历代高僧的心血和智慧而最终得以成就，既讲究外在的拳法套路，更注重内在的禅定修为，是中国非物质文化遗产的代表，也是中华传统文化的重要组成部分。

　　少林八段锦历史悠久，流传广泛，是少林传统功法一门之瑰宝。少林八段锦具有舒筋活血，调理气血，促进人体新陈代谢等功能，久练可以健壮体质、祛病消伤、延年益寿，千百年来，得到了世人的实践印证。少林八段锦强调身法与心法相结合，充分体现了少林功夫禅武合一、武医融合的特点。

　　延开自幼习武，童真入寺，亲得寺院长者教导，功夫造诣深厚。曾赴欧洲少林联合会弘扬少林文化，先后出访数十个国家和地区，参与编辑少林功夫段品制系列教程，是少林功夫非遗传承人之一。

　　时日因缘和合，延开发心出版本书，与大众结缘，借此希望能够为读者身心灵健康带来裨益。祝各位六时吉祥！

　　是为序。

释永信

少林寺方丈

2022 年仲秋于丈室

释延开 ﹋

俗名苗森林，1984年出生，河南沈丘人，少林功夫非物质文化
遗产传承人。现任少林寺监院，少林寺下院水峪寺住持。

1995年进入少林寺学习功夫，拜少林寺方丈释永信大和尚为师，跟
随师父学习少林文化。

1999年在重庆梁平双桂堂受具足戒。

2004年至2008年，受师父指派前往德国，创建欧洲少林联合会，负
责欧洲少林功夫文化的推广，先后出访欧盟及北美、非洲四十多个国家和
地区，传播和教授少林功夫与禅学，颇受海外少林弟子的爱戴和推崇。

2008年回国担任少林寺知客，负责日常接待。

2010年跟随国家访问团出访非洲喀麦隆、刚果（布）、赤道几内亚
等国。

2011年担任少林寺监院，参与管理日常寺务。

2013年接受中央电视台四套《天涯共此时》栏目采访。

2014年在中央电视台四套《流行无限》节目中展示少林秘传罗汉拳、
独门兵器烧火棍、少林七十二绝技、神秘的《易筋经》。

2015年随少林文化代表团一行赴美国进行文化交流。

2020年参与《少林功夫段品制系列教程》的编辑工作。

目 录

少林功夫概述

　　少林功夫是指在嵩山少林寺这一特定文化环境中历史地形成，以参禅修心为基础，充分体现禅宗智慧，并以少林寺僧人修习的武术为主要表现形式的传统文化体系。

　　少林功夫具有完整的技术和理论体系。它以武术技艺和套路为其表现形式，以嵩山少林独特的地理文化环境和禅宗智慧为其文化内涵。

　　少林功夫是一个庞大的技术体系，不是一般意义上的"门派"或"拳种"。中国武术结构复杂，门派众多，但根据历史文献记载，少林功夫是历史悠久、体系完备、技术水平最高的武术流派之一。根据少林寺流传下来的拳谱记载，历代传习的少林功夫套路有数百套之多，其中流传有绪的拳械代表有数十种。另有七十二绝技，以及擒拿、格斗、卸骨、点穴、气功等门类独特的功法。这些内容，按不同的类别和难易程度，有机地组合成一个庞大有序的技术体系。

　　少林功夫是以攻防格斗的人体动作为核心、以套路为基本单位的武术体系。套路是由一组动作组合起来的，每个动作的设计和套路的组合，都是建立在中国古代人体医学知识之上，合乎人体运动的规律。动作和套路讲究动静结合、阴阳平衡、刚柔相济、神形兼备，其中最著名的是"六合"原则：手与足合、肘与膝合、肩与胯合、心与意合、意与气合、气与力合。中国古代"天人合一"的思想认为：最合自然规律的，才是最合理

的。少林功夫就是以此为理念，不断地去芜存菁，创新发展，形成了最合乎人体自然结构的运动，使人体潜能得到了高度发挥。经历了1500年的发展，少林功夫已成为最优化的人体运动形式之一。

少林功夫表现出来的深厚文化内涵是禅宗智慧赋予的。少林功夫的修习者首先表现为对传统的热爱，包括追求健康和追求智慧的信心。少林功夫以禅宗初祖菩提达摩为智慧的象征，以紧那罗王为力量的象征。对于超常力量的渴望，对于超常智慧的追求，从来都是少林文化爱好者的目标。这是少林功夫表现为神奇武术之根本原因，也是少林功夫与其他武术之区别所在。

少林功夫的灵魂是禅宗智慧。少林功夫智慧的最初形态是禅定。六世纪印度高僧菩提达摩在少林寺首传禅宗教法，后世尊少林寺为禅宗祖庭。禅宗是印度佛教文化传入中国后，与中国玄学文化充分交流、理解的成果，是东方古代两大文明融合的结晶，充满东方智慧对人生的洞彻。禅宗文化的产生，使佛教原有的面对死亡悲苦之面貌，变为对人间生活之欢乐的肯定。禅宗，凝结着由中国历代高僧和优秀士大夫所构成的精英群体对于宇宙奥秘、人生真谛的体验和感悟。唐宋以来，由于禅宗文化的盛行和少林寺的祖庭地位，少林功夫的练习内容和品质亦发生了变化，"禅武合一"开始成为少林功夫的主流思想，并成为僧人修习少林功夫的目标和理想境界。

禅宗讲究在现实的日常生活中修行，实现修心的目标。少林功夫作为少林寺僧人日常生活的组成部分，也被纳入修禅的形式中。修习少林功夫的主体是禅者，由禅心运武，透彻人生，内心无碍无畏，表现出少林功夫传承人大智大勇的气概。禅，赋予了少林功夫更为丰富的内容，使少林功夫表现出特有的轻松、自在和身心升华之境界；武，赋予了禅宗修行的有效途径，使禅宗的妙悟有了躬身践履之体验。

少林僧人的生活受戒律的约束。戒律体现佛教"慈悲为怀，普度众生"的宗旨，是少林弟子的生活准则。佛教最基本的戒律为五戒：戒杀、戒盗、戒淫、戒酒、戒妄语。在少林寺特定环境中，佛教戒律又演化为习武戒律。戒律在习武者身上，又表现为武德。所以少林功夫时时表现出节制谦和、内敛、含蓄和讲究内劲、短小精悍、后发制人的风格和特点。

少林功夫的传习方式一般主要以口诀为媒介。它又与少林寺传统的宗法门头制度相结合，其核心内容是师父的言传身教和弟子的勤学苦练。高水平的少林功夫传习，则往往取决于师父的心传和弟子的顿然领悟，这一境界又需要僧人在日常参禅和武术练习不断提高的过程中方能达到，体现了少林功夫"禅武合一"的宗旨。

少林功夫的传承，是严格按照师徒制度进行的。这种师徒关系，是少林寺传统的宗法门头制度的最基本表现。以家庭为中心，按照血统远近区别亲疏为法则的宗法制度，是古代中国社会的基层结构，具有极强的凝聚力。少林寺的宗法门头制度，由十三世纪曹洞宗领袖福裕禅师住持少林寺期间确立。福裕禅师把少林寺建成中国传统宗法门头制度的家族式寺院，将寺院内部的师徒关系纳入世俗亲缘宗法组织结构中，使其产生了更为有效管理少林寺常住院和下院的作用。宗法门头制度对少林寺的发展和少林功夫的传承都产生了深远影响。少林寺宗法门头历史上最鼎盛的时期，曾下辖二十五个下院，僧人总数达八百多人。当代少林寺僧人传承仍基本遵守着十三世纪福裕禅师确立的传承谱系。

历史上少林功夫传承人资格的认可，以禅宗法脉传承制度为依据。目前中国佛教界禅宗法脉传承，仍然按照传统惯例，实行以师父综合考核弟子的方式传授。只有师父认可弟子修禅功夫确实已经达到一定水平，才能

成为法脉的传承人，并付以禅宗法脉传承谱系的"法卷"为证。少林功夫是少林寺僧人习禅的途径之一。少林功夫传承人的资格认可，亦根据禅宗法脉传承方式，即师父认可弟子的方式实行。

少林功夫类别

中国武术种类复杂，门派众多。根据历史文献记载，少林功夫是中国武术各个流派中，历史悠久，门类最多，体系最大的一个门派。

少林功夫不是一般意义上的"门派"或"拳种"，而是一个博大精深的武术体系，内容极为丰富。按性质分，大致可分为内功、外功、硬功、轻功、气功等。所谓内功，如易筋经、洗髓经等，以练精气神为主，功成后整体内壮。所谓外功、硬功，多指锻炼身体某一局部的猛力，如点石功、铁膝盖功等，功成之后可凭一指、一膝的功力致敌于伤残。轻功专练纵跳和超距，功成后可飞檐走壁，身轻如燕。至于气功，包括练气与养气，合武学与禅学于一体，练就"金刚不坏之躯"乃是少林上乘功夫。

按少林功夫的用途分，可分为自卫与制敌两类。自卫功夫，如金钟罩、铁布衫等，传说功成后刀枪不入，不畏打击，而红砂手、一指禅以及上述硬功夫，则属制敌功夫。按类别可分为拳术、器械和其他功法三大类，器械又可分为长兵器、短兵器、软兵器等。按技法又可分为拳术、棍术、刀术、枪术、剑术、技击、气功等几十种。

少林功夫最早出现的时间，根据明确历史记载，至少可追溯至隋末。当时，少林武僧因协助秦王李世民讨伐王世充，而受敕封奖谕，自此练拳习武，成为该寺传统，从明代后期开始逐渐向套路化方向演化，并被固定下来，形成众多的武术套路。

根据少林寺内流传下来的拳谱记载，历代传习的少林功夫套路有708

套，拳术和器械套路为552套，其中流传有绪的拳械精品有数十种。另外有七十二绝技，以及擒拿、格斗、卸骨、点穴、气功等各类独特的功法156套。现存少林功夫套路：拳术178套，器械193套，对练59套，其他115套，合计545套。这些内容，按不同的类别和难易程度，有机地组合成一个庞大有序的少林功夫体系。

少林功夫与中医

中医是中华民族保健延年和治病疗伤的医学。少林功夫防身制敌、健身的特性，促进了中医在少林寺的应用和发展。同时，中医在少林功夫中的运用，保证了其健康发展。少林寺僧众在演练少林功夫和使用器械进行各种战斗的过程中，难免伤筋动骨、磕碰受伤，为及时治疗跌伤、战伤，更加注重中医研究，以便自救和救人。

少林寺德禅法师在《少林寺伤科妙方》序云："寺僧从战迎敌，战必有伤之，必然启僧自医，故出僧医也。僧医以自创自救为本 …… 秘不外传。"少林寺除中医疗伤治病外，还有自己的独特疗法。如：点穴治疗法、推拿按摩疗法、经络穴位疗法、健身气功自疗法、中医摄生法、针灸疗法等。

少林功夫的健身功法和健身拳法在中华武术与气功中，有着重要的地位。它主要以攻防的动作为基本素材，只是运动结构、编排、练法与技击拳法不同。同时，少林拳也不再以技击效应为最高目的，而是以对习练者自身的影响为根本，追求强健体魄、延年益寿、祛病消伤。少林寺内传的"八段锦""易筋经"，就既有导引治疗的理论，又有武术基本动作素材，既能强健体魄，又能提高技能，成为古今武术气功健身功法的代表，为世代所流传。

少林禅医中的佐功药，分为内服和外用两种。其内服药以强筋壮骨为主，具有激发肌能活力，防止练功过度导致疲劳的作用。外用药以舒筋活

络、消肿止痛为主，具有活络软坚、防止皮肉老化僵死的作用。其中的内服药，逐步在实践运用中形成了方剂，外用药则从跌打外伤的汤剂和酒剂中，筛选出了药方。

　　总之，少林功夫与中医相互融合，互为补充。中医技能不仅在少林功夫中得到应用和发展，也作为少林僧人救世济苦的行善技能，备受重视。

少林习武戒约

戒为菩提本，也是武德根。想我少林，立世千载，不为无因。今吾顺承古意，赓续前言，恳为诸子，略叙鄙怀。其约如下：

一、戒叛师。凡少林弟子，须尊师守礼，明道为先；
法贤进德，至善是念。

二、戒忘恩。凡少林弟子，当孝恩是膺，济报有常；
伤亲害友，雷怨众迁。

三、戒诸恶。凡少林弟子，当净意择善，律己从道；
杀盗淫妄，功德尽捐。

四、戒浮艺。凡少林弟子，当虚己勤习，抱朴专艺；
博识凝神，心沉自雄。

五、戒偏执。凡少林弟子，须体用兼备，明体达用；
禅武并重，宗风乃彰。

六、戒怠惰。凡少林弟子，须敬事不辍，信理不馁；
朝夕精练，久久为功。

七、戒欺斗。凡少林弟子，禁逞强斗狠，恃技辱人；
狂心戾气，必招悔恨。

八、戒帮派。凡少林弟子，实同袍连枝，气属一体；
挟私阴聚，伤吾浩然。

九、戒毁他。凡少林弟子，当和敬同道，砥砺共进；
自赞毁他，当知是耻。

十、戒抗诏。凡少林弟子，当心系大义，有召必应；
苟利众生，忘身如归！

凡此十戒，自度度他，当遵不犯，志心恒念！

（少林寺方丈释永信法师撰文。）

少林八段锦

  少林八段锦是少林僧众千百年来，日常锻炼身体的入门功法。它也是中国健康文化的瑰宝。少林拳术种类繁多，在传承中各有千秋，发展了很多的分支，终究何是少林真传，其离不开少林僧人的生活方式。少林功夫的形成源自禅宗的打坐，久坐参悟内心，而缺少身体的锻炼，时间长了就会身体困顿，气血不通，病魔侵入。达摩祖师来到少林之后，传授《易筋经》，令参禅的僧众习之，久之精神强健，体魄亦增。经过一千五百多年的传承，逐渐形成了丰富的少林功夫文化。少林八段锦就是从少林《易筋经》中选出的八个动作，简单易学，能够锻炼周身，强壮体魄。少林八段锦在少林功夫文化传承中，从思想、动作、呼吸、意念和练习方法等各个方面来看，都是一套很主要的健身宝典。近年来国家也在大力推广八段锦，长久练习能够收心养性，强筋壮力。

  少林八段锦的构成也很有特点。首先它立足于养生。养生的观念是我们中华民族体育文化的精华，又叫"颐养"。人作为一个自然体，需要自己很恰当地去养它，就像养一盆花，养一个宠物，你要精心，要随时随地注意自己的身体，不过有时候又不能去强求。而养生的核心是什么？四个字：顺其自然。如果你过分地练，那么往往会带来一些麻烦。因为人有体能消耗的问题，若太支出，太过分，透支了反而不好，所以要把它摆在"颐养天年"的理念上。从明代开始把少林寺流传到社会上的一些养生术称为卫生术。现在我们把卫生理解为干净，古代的卫生是适乎天时的生

活，符合自然法则的生活。该做什么时做什么，不该做什么时不做什么，这个很重要。

而少林的养生又和禅结合起来，比如禅定的修炼，把新陈代谢降到最低限度，使内心处于一种超常的静的状态。在这种状态里，把多余的力量积存起来，到适当的时候再把它发挥出来，由养生发展到功法套路演练。很多人都轻视套路，不能这样，套路是中国人特有的功夫文化表现形式，练套路就是一种文化享受。每一个功法套路的形成，都是建立在中国古代人体医学知识之上的，不能胡编乱造。每一个动作对身体部位的锻炼都非常明确。现在胡编乱造的套路比比皆是。就如同作曲，有的人作的曲子好听，有的人作的曲子就不能听，多听脑子就会出问题，就是这个道理。不是每个人编出来的套路都好，好的功法都传承有绪，通过了历史和实践的考验，才能传承至今。少林八段锦就是重要的传承之一。经常练习八段锦，加上功力的求定和行、神、意、气的结合，能使练习者在日常生活和工作中受用。这才是传统养生文化传承下来的意义，给更多人的身心灵带来健康。

少林八段锦的功法特点

少林八段锦是少林气功的一种功法。八段锦对身体的好处，可简单概述为培元补气、疏通经络、活血生津。长期练习少林八段锦，可使人强身健体、聪耳明目、延年益寿。

少林八段锦的功法特点有：

一、八段锦为徒手定步功法，因此不需要任何设备及场地。

二、省时间，全套练习不过十余分钟，每日晨、晚各锻炼一遍便可。

三、八段锦共分八段，每段一势，可单势练习，也可全套练习或选段练习。每势的运动量可由只做七呼或十四呼来调节，也可由下蹲之程度为高势、中势或低势来调节，故运动量可大可小，可自行掌握，既方便又灵活。

四、身法端正，姿势舒展大方，动作简单易学，因此男、女、老、少均可练习此功。瘦弱者可健壮，体胖者能减肥。

五、锻炼较为全面。自头至足全身关节，大小肌肉，无一处不动，而且动作均符合其生理功能要求，横膈运动可使胸及腹腔内压力改变而影响内脏，故能加速血液循环，肌肉伸展，肠胃蠕动，氧量增大，因此成为内外兼顾的完整之健身功法。

六、功法效应大且快。尤其内功感受明显，气感强，只要姿势正确，即有气感产生，功夫越深感受越大。因此易产生兴趣，易自我锻炼。长期坚持者，实为一种享受，其乐无穷。

八段锦的练功方法应以内功为主，是内外相合的定步动功。因此，练习八段锦除注意外形动作以外，还要配合意守、呼吸及以意领气和动作的得气感。

为什么练习八段锦

　　随着社会的发展和生活水平的提高，练习八段锦的人逐渐增多，因为经常练习可使我们的身体健壮，精力充沛，机智灵活，提升自身的精气神，使人周身经络气血通顺，且能培养人的英勇坚强的性格和坚韧不拔的毅力，有利于工作和健康的生活。练习八段锦有很多的方便条件，如不论年龄大小，男女老少都可练习；一年四季，室内室外，场地大小，也都不受限制。只要掌握了基本练习方法就能练习，所以练习的人越来越多。只要平心静气，依法练习，就能达到舒畅经络调节气血的功效，使人正气充沛，精神焕发，而达到延年益寿的功效。

少林八段锦的基础

一、练气之方法

人的一身，内有五脏六腑，外有五官四肢。五脏者，心、肝、脾、肺、肾。六腑者，胆、胃、大肠、小肠、三焦、膀胱。五官者，目为肝窍，耳为肾窍，鼻为肺窍，口为脾窍，舌为心窍。四肢皆以筋为脉络，筋始于爪甲，聚于肘膝，裹结于头面，其动活泼者为气。所以，练筋必先练气。气行脉外，血行脉中。血犹如水，百脉犹如百川。血的循环，气的运动，均发于心。日夜十二时辰，周流十二筋络，瞬息潮血来回，百脉震动。肝主筋而藏血，脏腑筋络之血，皆由肝升运，练功习技者，必当保护。

练气有二：一为养气，二为练气。

1.养气

养气不离性，练气不离命。欲要养气修命，须使心意不动。心为君火，动为象火，心火不动，象火不生，象火不生，气念自平。无念神自清，清者心意定。歌诀：一念动时皆是火，万缘寂静方生真。常使气通关节敏，自然精满骨神存。

养气而后气不动，气不动而后神清，神清而后操纵，进退得其宜。于是一套自如的练气之法在长期练习中，自然地、不知不觉地形成，因此养气之学，是学习功夫的关键。

2.练气

练气与养气虽同出于一气之源，而实有虚实动静及有形无形之别。养气之学以道为归，以集义为宗法，以运使为效，以呼吸为功。以柔而刚为主旨，以刚而柔为极致。及其妙用则时刚时柔，半刚半柔，迂虚则柔，临时则刚，柔退则刚进，刚左而柔右。此所谓刚柔相济，虚实并进。

少林功夫练气之学，以运使为效，以长吞短吐为功，以川流不息为主旨，以听气静虚为极致。前为食气出入之道路，后为肾气升降之途径。以后天补先天之术，即周天之转轮。周天之学，初学时，要吞入清气，直入气海，由气海透过尾闾，旋于腰间，然后上升督脉而至丸宫，仍归鼻尖，以舌接引肾气而下，则小腹充实，渐渐结丹入田，此为周天之要也。

二、呼吸

肺为气之府，气乃力之君，因此谈到力，就不能离开气，这是古今练功之通理。大凡肺强之人，其力必强，肺弱之人，其力必弱。因此，练功之人一定要练好调息，也就是动作和呼吸。少林功夫习练者中很早即有专练呼吸者，以增益其气力。成功之伟，颇可惊异。

呼吸有四忌

（1）忌初练时太猛，初时以呼吸四十九度为定，以后缓缓增加，但不可一次呼吸超过个人肺活量限度之外。

（2）忌尘烟污杂之地练习。宜于清晨或旷寂幽静之所练习。晚间练习宜在户外，不可紧闭一室之中。

（3）忌呼吸时以口出气。初呼时，不妨稍以口吐出肺胃之浊气，以三度为止。向后之呼吸，须使气从鼻孔出入，方免浊气侵袭肺部之害。又呼

吸时，宜用力一气到底，而后肺之胀缩得以尽吐垢纳新之用，而气力以生。

（4）忌呼吸时胡思乱想。大凡人身之气血，行于虚而滞于实。如思想不集中，则气必凝结，发生障碍。久之，则成气瘰之病。学者不可不慎焉。

以上四忌，须谨慎避之，自无后患。久练习之，则周身筋脉灵活，骨肉坚实。血气之运行，可以随呼吸以贯全身。如欲运气于指尖，臂膀及胸肋，腰肾之间，意之所动，气即赴之。

呼吸论

呼吸与吐纳有异，呼吸是吸下呼上，吐纳是吐出纳入。吐纳可厘清浊，而不可合阴阳；呼吸可合阴阳，而并可厘清浊。易筋洗髓功夫吐纳少，呼吸多，先吐纳后呼吸。呼吸有顺有逆，顺以运一身清气，逆以合两仪清气。

呼吸总诀

一吸通关，一呼灌顶，一屈一伸，一浊一清。雷鸣地震，清浊攸分。一升一降，一阳一阴。上下顺逆，阴阳交生。河车搬运，辘辘时行。三百六五，运炼丹成。

呼吸诀次第

一呼水生，一吸火聚。再吸再呼，火腾水起。三度交关，坎离相济。吸七呼七，周而复始。二七十四，重复不已。三七二一，三复功毕。九九八一，纯阳至极。营运三百六十五气，往来不穷，周天之纪，先吸后呼，达摩真谛。图曰呼吸，俗语如此。导引内功，呼吸第一。无多无少，不徐不疾。气不可凑，志不可移。亦不可馁，无过不及。出入不闻，定气调息。

呼吸又诀

入手起功，漫用呼吸。未纳菁英，先吐浊积。一吐一纳，生新去余。

行至坐身，乃用呼吸。学成之后，清浊分析。初势即毕，呼吸如式。恐有浊碍，酌量追逼。一图数图，多寡不拘。俟浊尽净，呼吸随及。纯清无浊，功起即起。

呼吸轻重次序

呼吸之法，由微而大，由大而化。起功，静生动，缓缓呼吸；打坐，静生动，极又动生静，绵绵呼吸。入定后，动极、静极、动静互根，不觉呼吸。自然呼吸。不觉者，化其有。自然者，化其无。微无内又无不着。大无外又无所见。究竟之地，浑化之天。无忘无助，无声无臭，致中致和，是其至处。

三、刚柔

练习者要明了刚柔之力，有上中下三乘之别。三乘为何，即刚柔变化二者而已。其门派千差万别，虽各有其专家独造之功，而刚柔变化之深浅，即上中下所有判焉。

上乘者运柔而成刚。及其至也，有刚有柔，亦柔亦刚。如猝然临敌，随机而动，变化无方。指似柔也，遇之则刚若紧锥，身似呆也，变之则捷若猿兔。敌之遇此，其受伤也，不知其何以伤，其倾跌也，不知其何以倾跌。神龙夭矫，莫测端倪，此技之神者矣。但柔而成钢一般功夫，非朝夕所能奏效。此上乘之技也。

所谓中乘者，即别于上乘之谓也。其故，因学者初学步时，走入旁门，未经名师之传授指点，流于强使气力，刚柔无相济互用之效。或用药力或猛力等，强练手掌臂腿之专技，不辞痛楚，朝夕冲捣蛮习，遂致周身一部分之筋肉气血，由活动变成坚凝死坏。其于人搏也，寻常人睹其形状，则或生畏惧之心，而不敢于较。若遇到上乘名家，则以柔术克之，虽刚，亦何所用。俗谚云，泰山虽重，其如压不着我何。此刚多柔少之所以非上乘也。

术以柔为贵。至于专使气力，满页粗劣，出手不知师法，动步全无楷则，既昧于呼吸运使之精，复不解刚柔虚实之妙，乃以两臂血气之力，习于一拳半腿之方，遂自命个中专家。此下乘之拳技，不得混以柔术称之，学者要明辨也。

中乘之术，不过偏于刚多柔少之弊，然尚有师法传承，变而求之，不难超入上乘之境界。惟下乘者，无名师益友之指授。从此观之，斯道以刚柔变化能达于极致者为上乘；刚多柔少，谨守师承者为中乘；至于一拳一技之微，有刚而无柔，专从事于血气之私者，于斯为下矣。嗟尔后学，可不鉴诸。

四、身体各部分的练习

起功诀

环拱立身直如松，脚根虎膝莫漏空，两耳垂肩鼻对胸，合眼平视一尺中。

收功诀

九转丹成得气清，坎离交构两仪生，纵横上下归存养，运定功全缓缓行。

1.练头

头为一身之首，头圆象天，为诸阳之会，精髓之海，任督二脉交汇之处，统领一身之气，阴阳入扶全在于此。此处合，则一身之气俱合，此处不合，则一身之气俱失。如何练头呢？就是在练习时，头要保持中正，不低不昂，不偏不斜，转动自然，一定要掌握头的领劲和顶劲。此劲一失，四肢若无附力，且无精神。因此，必须掌握领劲和顶劲，以为周身之纲领。

2.练面

面为五官之基，要保持自然正色，不能强行做作。练习时，时而冷笑，时而怒容，藏意不露，用力发劲唤放时，叫做变脸变色。

3.练眼

眼为心之侦查，又为手足之先导，练习者对眼法的练习，不可不注意。每天用清水一盆目视水底，几分钟后，用手将水击起，向眼击拨，而眼珠直视，久而视之，眼力自然增强。歌诀：眼似闪电，要随手转。兼顾四方，一眼注眼。

4.练耳

听觉根于心，心静则自聪。其练法是夜深人静之时，独入旷野，听万籁所发之声，久之，耳有所触，能辨细微。歌诀：耳要静听，着重身后，兼顾四方，前后左右，大小动静，耳皆能听。

5.讲口

歌诀；两唇要微合，舌尖顶上腭，咬牙闭呼吸，为之上封锁，最忌张着嘴，气漏力无着，闭唇调呼吸，气力自增多。

6.讲牙

牙为骨梢，骨为气之本，气生于骨，而连于筋，叩齿骨坚，持久像铁石，齿利则易消食，骨动则筋伸，故云：牙咬断筋，有助于练功发力。如何保护牙齿，宋代林洪有一首诗：热极生风齿不宁，侵晨叩漱日惺惺，若教运用常天隔，还许他年老不零。

7.讲舌

舌为肉梢，肉为气之囊，舌舔气降，注于气海（丹田），能接引肾气汇聚丹田。舌能生津化食，补气生肌。歌诀：舌尖会生津，气来能接引。行拳助闭气，舌巧语惊人。

8.讲发

发为血梢，血为气之胆，气透于毛发，毛发坚则力壮。故少年血盛而生发快，老年血衰而发逐渐脱落和苍白。练功调息，毛发随呼吸起伏鼓荡，促使气血运行。

9.讲鼻

鼻为呼吸之门户，可嗅天地之异香。歌诀：练功调息，全赖于鼻，文火武火，鼻能控制，动静呼吸，心息相依，内外一体，身体坚毅。

10.讲肩

歌诀：肩劲要砸，不要耸肩，向前微合，有助含胸。一举一动，两肩要平，一高一低，有阻正中。两肩骨节，似有一线，互相呼应，团聚自然。摇肩晃膀，如风摆柳，活泼无滞。

11.讲肘

歌诀：心肘两相依，起落常护心。用肘宜近取，最忌远处寻。变化要速度，露形势已尽。中起领根梢，呼应周全身。

12.讲手

手有五指，指有三节。一只手有十五节，两只手合为三十节，似一个月的三十日。古人把它分为金、木、水、火、土来讲。冬日短，夏日长，春秋两季平。中指属心主夏，独长为火；小指属肾主冬，独短为水；食指属肝主春为木；无名指属肺主秋为金。二指相等春秋相平；大拇指属脾主土。旺于四季兼于四德，独当一面。其相合之妙不假不借，不强不制，自有天然之巧。

手法有：推、抢、搂、撂、斩、扳、砍、切、挑、压、勾、挂、封、逼、擒、拿、晃、撞、缠、搏、牵、托、按、打等七十二种。但遇"虚无"之仙着，一势即可全破。"虚无"之妙可想而知。歌诀：出手托肩里合手，左右扶助似水流。击手尾动一线起，形神意气在其中。

13. 讲臀

歌诀：溜臀收肛，意守丹田。上压下提，气贯腰间。抖劲唤放，势欲推山。臀法制人，仙着难言。

14. 讲胯

歌诀：一胯起时一胯落，起落高低使用多，下体枢纽全在此，莫把此处空蹉跎。

15. 讲足

足肢动作，以足领膝，以膝领股。但其关键在于手指尖和足趾尖来领住运行，以心行气，以气运身。手指尖和足趾尖都要灵活。歌诀：足履地时势如山，悬颠平踏自天然。惟有随跳与乱颠，擎起多着在骨尖。

16. 练心

心为一身之主，五官四肢百骸之帅。心一动则气容易上浮，气上浮后，视觉容易恍惚，听觉容易失聪，手足失措，何能应敌变化于仓促间。练功时，就如练兵，心为主帅，身为老营，眼为侦查，手足为先锋，气力为士卒，元帅发出令，一起往前征。在讲心稳胆正时说：视白刃如不见，触炮声若不闻，东海倾我右，泰山压我身，外物勿扰，独立无惧，心君处之泰然。

少林所传，以静为主，以一念代万念。每早在练功之前，面向东方，放胸垂手站立，目视鼻端，静听鼻息，天长日久即可见效。

总之，人的一身，五官百骸，各有不可思议之妙。如拳谱讲：目透重壁，鼻嗅天香，耳闻蚁斗，口吐碧火，舌缔青莲，声震苍冥，手破岩石，足踏泼面，气结霞雾。所以人身各个部位，都要经常锻炼，方可长久健康。

17. 站桩

练功都要从站桩开始，每日都要站立桩步和各种步法。就桩法来说，有八字桩、川字桩、一字桩、椅子桩、丁字桩、七星桩、浑圆桩等。少林以马步桩为佳。站桩要求做到：放胸收腹，气沉丹田，扣足展膝稳如泰山。练习一段时间后，能够气沉丹田，下盘稳固，出足时捷而稳，可得尽取之妙。

祖师说：百练不如一站，少林的桩功很有名，这里介绍一种集桩功、呼吸法、观想法于一体的桩功，又叫"立禅"。首先，两脚分开三脚长的宽度，像坐凳子式下蹲，好像骑马，又叫马步。可分为高位马步，膝盖稍弯；中位，膝盖与大腿之间一百二十度；低位，膝盖与大腿九十度。可根据自己的体力来定高低位。两手在小腹前，好像抱着直径50厘米的能量球，手心对着下丹田。意念观想球从宇宙收集气与能量，腹部内脏也都含在球中。

关于呼吸，采用腹式呼吸，有两种，即顺腹式呼吸和逆腹式呼吸。气虚及体质弱的人用顺腹式呼吸：吸时气沉丹田，横膈也下沉，小腹鼓起，呼时横膈上提，小腹凹陷，中医上起补的作用。气实及发力时用逆腹式呼吸：吸时横膈上提，小腹凹陷，呼时气沉丹田，横隔下沉，小腹鼓起，中医上起泻的作用。从整体上一定是上虚下实，时间上也是量力而行，逐渐增加。

18. 气力

气走于膜络筋脉，力出于血肉皮骨。放有力着，外壮皮骨为形，内壮筋脉为象。气血功于内壮，血气功于外壮。只有明白气血二字，才能自知气力的运用，在练习中做到形神意气结合。拳经云：气在先行，力在后随，丹田盛而气力足，此为不移之定理。

19.血分和气分

人身左为血分，右为气分，血分属阴，气分属阳，血分走得慢，气分走得快。所以要先左后右，先运动血分的气脉，使其在时间上和速度上与气分配合起来，以调整阴阳气血的平衡。秋月禅师讲：练到骨节通灵处，周身龙虎任横行，掌心力从足心印，一指霹雳万人惊。

平时念头

心不外用，神不外驰，意有所注，气有所归。

功有六益

调和血脉，细腻皮肤，强壮筋骨，增长气力，健旺精神，涵养性灵。

功有十验

寒暑不入，疾病不生，颜色不老，强健不衰，冻饿不迫，生育不夭，战斗不惴，虎野狼不惧、刀斧不伤，水火不损。

功有三不思

精足不思淫，气足不思食，神足不思睡。

物有三练

鹿练精，龟练气，鹤练神。

物有二聚

虎能聚阳，蛇能聚阴。

人有三伤

过虑伤精，多言伤气，久视伤神。

人有九损

喜极损肺，怒极损肝，哀极损肠，惧极损胆，饱极损胃，饿极损脾，情极损肾，动极损阴，静极损阳。

少林站式八段锦动作分解

第一势　双手托天理三焦

预备式:

左脚向左迈步,全身放松,舌顶上腭(如图1-1)。手从小腹慢慢托起,吸气,托到胸前翻掌下按。呼气,按至小腹,翻掌从小腹双掌上托胸前(如图1-2~图1-5)。然后从胸前向外翻掌上托至头顶,掌根用力,昂头看掌,双手顶起,顶到极限(如图1-6)。眼睛平视,脚后跟慢慢抬起,同时掌根用力。脚后跟落下,两肩放松。然后昂头再往上推,用力推起,推到不能再推的时候,眼睛平视,脚后跟慢慢抬起,用力上顶(如图1-7)。然后双掌下翻弯腰向下按掌,用力一直按到脚的前端(如图1-8~图1-10)。停留三次呼吸,托掌起身托到胸前,翻掌下按至小腹,两手收到两边(如图1-11~图1-13)。

动作要点:

练的时候要舌顶上腭,每个动作往上推的时候,都是要掌根用力。向上顶的时候昂头。眼睛平视的时候,脚后跟慢慢抬起,注意抬起的时候也是要掌根用力。每个动作开的时候呼气,收的时候吸气。这样向上伸展时才能把三焦拉开。三焦是:上焦心、肺,中焦脾、胃,下焦肝、肾。

图 1-1

图 1-2

图 1-3

图 1-4

图 1-5

图 1-6

图 1-7

图 1-8

图 1-9

图 1-10

图 1-11

图 1-12

图 1-13

双手托天理三焦，以上动作做三到七遍。

这一节从动作上看是四肢和躯干的伸展运动，和伸懒腰很相似。据现有资料来看，加强四肢和躯干的伸展活动确可影响胸腹腔血流的再分配，有利于肺部的扩张，使呼吸加深，吸进更多的氧气，对消除疲劳有一定作用。

八段锦开头就做这一动作，一则可消除疲劳，吸进更多的新鲜空气，再则是对全身肌肉和内脏的总动员，为以下各段动作做好准备，三则对于三焦有调理作用。

三焦，系中医学上人身部位的名称，分为上焦、中焦和下焦。上焦一

般指胸膈以上部位，包括心、肺等脏腑；中焦指膈下、脐部以上部位，包括脾、胃等；下焦指脐以下，包括肾、膀胱、大肠、小肠等。由此看来，上焦为胸腔，中焦为腹腔，下焦为盆腔。总的来说，大约就是人体内脏的全部。显然，三焦者，主人三元之气，总领五脏六腑营卫经络的内外上下左右之气。三焦通周身经络，气血才能顺畅。

由于这节动作是全身的伸展活动，又伴随深呼吸，所以对内脏各部有调理作用是自然的。不仅如此，对腰背肌肉骨骼也有良好作用，有助于矫正两肩内收和圆背等不良姿势。

八段锦第一个动作就是理三焦，双掌托起，和伸懒腰很像，当我们身体疲劳的时候就会很自然地伸伸懒腰，这样一个简单的动作就能消除我们的疲劳，有利于脏腑的扩张，从而加大呼吸深度，对脏腑有按摩的作用，长时间练习就能达到调理身心通络养身的目的。

延开法师要领讲解：

第一势 双手托天理三焦
分解动作讲解

第一势 双手托天理三焦
完整示范

第二势　左右开弓似射雕

预备式：

双脚并立，左脚向左迈步，全身放松，舌顶上腭（如图1-14、图1-15）。双手自小腹上托，吸气托到胸前，呼气翻掌下按至小腹，同时左脚向左迈开呈马步（如图1-16～图1-18）。吸气，两手从小腹上托到胸前，两手交叉，左手在里，右手在外，左手向左方，剑指推出，右手呈拉弓势，用力向右方拉开，眼睛向左看（如图1-19、图1-20）。然后左手收回到胸前，两手交叉，右手在里，左手在外。右手向右推出，持剑指，左手呈拉弓势，用力向左拉开，眼睛向右方看（如图1-21、图1-22）。左右势算一次，做三到七次。两手变掌收回到胸前，两手交叉，左脚向右收半步与肩同宽，两手从胸前两指间相对，按至小腹，收势（如图1-23～图1-25）。

动作重点：

左右开弓势，开弓的时候要用力拉开，拉到不能再拉为止。要点在拉弓势的手，大拇指要向下向上抬起，先向上，再向下。抬起的时候剑指有发麻的感觉就可达到效果。

我们身上分四梢，发为血梢，舌为肉梢，牙为骨梢，指甲为筋梢。少林僧人练功时，认为气来自虚空，聚于丹田，运于全身，所以该势的要点就是拉开之后，大拇指向下用力，再向后抬，剑指就会发麻，经络通达。

图 1-14

图 1-15

图 1-16

图 1-17

图 1-18

图 1-19

图 1-20

图 1-21

图 1-22

图 1-23

图 1-24

图 1-25

左右势算一遍，做三到七遍

　　这一动作的重点在胸部，用中医术语来说就是重点在上焦。上焦是全身最重要的部位，这节动作影响所及，包括两手、两臂和胸腔内的心肺。通过扩胸伸臂可以增强胸肋部和肩臂部肌肉，加强呼吸，促进血液循环，有助于进一步纠正姿势不正确所造成的病态。

　　这个动作主要锻炼我们的上焦心肺和下盘马步桩功，上焦的功能实际上就是心肺的气血运行、敷布营养物质精气至全身。中医认为，心主血脉，可以流通全身的血液，是血液运行的动力基础，肺为华盖，主一身之气，宣发和肃降。通过练习开弓势，可以增强我们的心肺功能，也可以扩胸伸臂增强胸部和肩臂部的力量以及肌肉的耐力，加强呼吸和气血的运行，也可以改变因不良姿势所造成的身体病态。

延开法师要领讲解：

第二势　左右开弓似射雕　　第二势　左右开弓似射雕
　　分解动作讲解　　　　　　　完整示范

第三势　调理脾胃须单举

预备式：

双脚站立，全身放松。左脚向左迈步与肩同宽，舌顶上腭，两手至小腹抱球状（如图1-26～图1-28）。用力上托，托至胸前，翻掌下按至小腹（如图1-29～图1-31）。双手相托，左手在下，右手在上胸前。左手下翻掌向左下方按掌，右手上翻掌，向头顶用力拉开上推，抬头眼睛看右手。右掌在左胯方向用力下按。向上推的时候呼气，掌根用力。然后眼睛平视，两肩微微放收，用力推出，推的时候呼气，收的时候吸气，循环做三次（如图1-32～图1-34）。三次之后，两手翻掌内扣，右手向下往胸前下按，左手向上往胸前上托，如抱球状。右手在上，左手在下，两手交叉在胸前（如图1-35）。左手向上推出到头顶，右手向右胯方推掌下按，眼睛向上看，用力上下推出。掌根用力推的时候，眼睛向上看，呼气。两肩微微下收，眼睛平视，吸气。昂头，看左手用力上推，来回三次（如图1-36）。右手从右侧上抬至头顶，翻掌下按至小腹，收势（如图1-37～图1-40）。

动作重点：

这个动作的要点，在单举拉伸的动作上。在拉伸的过程中，两个肩上下、一松一紧、一呼一吸要配合好。往上推的时候昂头、收肩的时候平视。呼气的时候抬头，吸气的时候平视。上下连接拉开，长时间练习能达到调理脾胃功能混乱及消化不良等问题的效果。

图 1-26

图 1-27

图 1-28

图 1-29

图 1-30

图 1-31

图 1-32

图 1-33

图 1-34

图 1-35

图 1-36

图 1-37

图 1-38

图 1-39

图 1-40

这段动作是一手上举，一手下按，上下用力对拉，使两侧内脏器官和肌肉进一步受到牵引，特别是使肝胆脾胃受到牵拉，使胃肠蠕动和消化功能得到增强，久练有助于防治胃肠病。

延开法师要领讲解：

第三势　调理脾胃须单举
分解动作讲解

第三势　调理脾胃须单举
完整示范

第四势　五劳七伤向后瞧

预备式：

双脚并立，全身放松，左脚向左迈步，舌顶上腭（如图1-41、图1-42）。手从小腹向上托起，托到胸前，翻掌下按至小腹。腿微微下蹲，两手向前抬起，同时向两侧画圆开架。两手在左右两侧架开，掌根用力，腿呈半马势。两肩同时要扩开，扩开之后两掌用力向两侧下按，下按的同时两腿伸直（如图1-43～图1-47）。两手向后用力，大拇指朝外，同时向外翻掌，头跟着向左后方看，身体不能动，两手外翻，头向左后方看，脚后跟慢慢抬起（如图1-48）。两手收回两侧，脚后跟落下，两手收回到小腹前。上托到胸前，两手下按至小腹向前推出（如图1-49～图1-52）。两手向两侧画圆，架于两侧，呈半马势。掌根用力两肩扩开，两掌用力向下按出，腿伸直。让两掌向左右两侧外翻，头向右后方看，身体不转动，头向右后转，两掌外翻，脚后跟慢慢抬起（如图1-53、图1-54）。然后两手收回，两侧脚后跟慢慢落下，眼睛平视，两手收回小腹前（如图1-55）。两手上托到胸前，双手下按至小腹，两手扶腰，身体向后仰，昂头向后方看，如下腰势（如图1-56～图1-59）。手顺着大腿后侧用力往下推，推至后脚腕。手再回到两脚之间，慢慢上托至小腹，托至胸前，下按至小腹，收势（如图1-60～图1-63）。

动作重点：

这个动作的要点是向后看的时候两手外翻，外翻时两掌离身体越近越好。长时间练习可疏通我们的带脉和冲脉。带脉冲脉不通了，身体会产生疲劳，身体的湿寒也不容易出去。长时间练习能让人的精、气、神都提起来，让人充满活力。

图 1-41

图 1-42

图 1-43

图 1-44

图 1-45

图 1-46

图 1-47

图 1-48

图 1-49

图 1-50

图 1-51

图 1-52

图 1-53

图 1-54

图 1-55

图 1-56

图 1-57

图 1-58

图 1-59

图 1-60

图 1-61

图 1-62

图 1-63

　　这一节动作需要头部反复向左、右转动，眼睛尽量往后看，是一种头部运动。头部运动，对活跃头部血液循环、增强颈部肌肉和颈椎活动有较明显的作用，而且对消除中枢神经系统的疲劳和一些生理功能障碍等也有促进作用。另外，中医理论也认为这节动作对五劳七伤有防治作用。

　　五劳，一般有两种解释：一指心、肝、脾、肺、肾等五脏劳损；另指"久视伤血，久卧伤气，久坐伤肉，久立伤骨，久行伤筋"。不论哪种解释，都是因劳逸不当、活动失调而引起的几种损伤。

　　七伤，说法也不同，有所谓七情伤害、肾亏七症等。总之也是由于精神活动过度强烈和持久或者过度静止抑郁，造成神经紊乱失调，从而造成脏腑气血劳损。而头部运动，对于脑部（中枢神经）、颈椎（通往全身的神经总通路）都有良好作用，有助于增强和改善它们的功能，调节它们对脏腑气血及身体各部的作用，从而达到消除疲劳和劳损的目的。可能正因为如此，这节动作才历来被认为对防治五劳七伤有好处。

此外，这段动作还有下列三种作用：1.可以加大眼球活动范围，增强眼肌；2.使颈部诸肌感到酸痛，其作用和做针灸时酸痛的作用相似，对大脑和全身神经活动有良好作用；3.有助于预防和治疗颈椎病，保持颈椎和颈部肌肉正常的运动功能，改善高血压和动脉硬化患者的平衡功能，减轻眩晕感觉。

我们平时不好的生活习惯都会造成身体的气血失调和神经机能的混乱，从而导致五脏六腑的受损和病变。这个动作最大的特点就是左右扭身向后看，两掌贴身向外翻，使头部和颈椎得到扭转和拉伸，这样对促进头部血液循环、增强颈部肌肉和颈椎都有明显的作用；还可以疏通带冲二脉和胆经，经常练习也能够缓解和治疗劳损引起的颈椎和腰椎疾病。

延开法师要领讲解：

第四势　五劳七伤向后瞧　　　第四势　五劳七伤向后瞧
　　分解动作讲解　　　　　　　完整示范

第五势　摇头摆尾去心火

预备式：

双脚并立，全身放松，舌顶上腭（如图1-64）。左脚向左迈步，双手从小腹上托。吸气托到胸前，呼气下按至小腹（如图1-65、图1-66）。左脚向左迈步呈马步，两手掐腰，眼睛平视。头向马步前方用力下低，一直低到与膝盖平（如图1-67、图1-68）。头向左侧用力旋转，呈左弓步。从左弓步用力抬头，身体用力下探，向右后方旋转，呈右弓步。头用力抬起，左右来回摇头摆尾，要做三到七次（如图1-69～图1-72）。收回呈马步。左脚向右脚收半步，收势（如图1-73～图1-76）。

动作重点：

这个动作的要点是摇头和摆尾，摇的时候头要低下去，摆尾的时候要摆开。头要低，臀部抬高，翘起来，头再抬起来就呈马步，这叫摇头摆尾。头低下去，身体来回扭转，心火才能下得去。心属火，肾水不足才会心火旺。当摇头摆尾的时候，对我们的肾经和膀胱经都有拉伸的作用，肾水上来，心火自然就下去了。

图 1-64

图 1-65

图 1-66

图 1-67

图 1-68

图 1-69

图 1-70

图 1-71

图 1-72

图 1-73

图 1-74

图 1-75

图 1-76

左右算一遍，做三到七遍。

　　这段动作是全身性动作，对整个身体都有良好作用。但为什么强调可去心火，说法不一。有人认为心火可能是指受寒、感冒、发烧时所出现的一些症状；认为摇头摆尾，旋转身体，可提高全身各器官、各系统的功能，发汗去热，除去心火。

　　也有人认为火是交感神经紧张的一种表现，正常活动都多少可引起交感神经紧张，但健康人这种紧张经休息后即可消除，如果休息后仍不消除，即属病态，并认为心火可能是火的总称，也包括肝火等。这段动作强

调放松，因此可能是消除非正常神经紧张的一种方法。

　　《黄帝内经》：心属火，五行当中，火最有动力。人体里本身的温度就是火，如果没有火，那么生命也就停止了，但火也应该保持在一定的程度，超过了正常的程度就成了邪火，就会对身体造成伤害。心火过旺，就会出现口干、盗汗、睡眠不安、口腔溃疡、尿黄、心烦易怒等症状。摇头摆尾这个动作就是应对心火的最好方法，摇头练心，关键是摆尾。五行当中肾属水，摆尾的动作主要锻炼人体的腰肾，肾水和心火是互相制约的，所以，经常练习这个动作，肾水和心火就会达到一个平衡，心火就不会生起。

　　通过动作的左右摇摆拉伸，可疏通心包经、心经、小肠经，还可以治疗心火旺所致的气血两虚、头昏目眩和脚步不稳，增强腰力、腿力和眼力。

延开法师要领讲解：

第五势　摇头摆尾去心火
分解动作讲解

第五势　摇头摆尾去心火
完整示范

第六势　攒拳怒目增气力

预备式：

双脚站立，左脚向左迈步，全身放松，舌顶上腭（如图1-77、图1-78）。双手从小腹上托至胸前吸气，翻掌下按至小腹呼气（如图1-79、图1-80）。左脚向左迈步，呈马步，两掌从小腹上托至胸前。两掌同时向前方用力推出，呈马步。两手向外转动一百八十度，从小拇指开始收起，变拳收回到腰间（如图1-81）。右拳从右腰间用力慢慢冲出，怒目叩齿，冲出之后拳变掌，掌心向下，旋腕一百八十度，从小拇指开始收起变拳，收回腰间（如图1-82～图1-85）。左拳从左腰间慢慢冲出，然后拳变掌，掌心向下，旋腕一百八十度，从小拇指收起变拳，收回腰间（如图1-86～图1-88）。冲拳一定要叩齿怒目，两拳从腰间同时向左右两侧冲拳，用力冲出。然后两拳变掌，掌心向下，旋腕一百八十度，呈托掌势，从小拇指收起变拳，然后收回腰间（如图1-89～图1-91）。左脚向右收半步。两脚与肩同宽，两拳变掌向两侧伸展开，从头顶下按至胸前，下按至小腹收（如图1-92～图1-96）。

动作重点：

这个动作的要点就是攒拳怒目，怒目这个动作就是疏通人的肝经。肝开窍于目，经常练这个动作，冲拳不用力不行，一定要把内在的怒气冲出来。怒气出来之后才能疏通我们的肝经。长时间练习能让身体的肝气畅通，保持良好的身体状态。

图 1-77

图 1-78

图 1-79

图 1-80

图 1-81

图 1-82

图 1-83

图 1-84

图 1-85

图 1-86

图 1-87

图 1-88

图 1-89

图 1-90

图 1-91

图 1-92

图 1-93

图 1-94

图 1-95

图 1-96

这段动作要求拳头紧攥，脚趾用力抓地，全身用力，聚精会神，瞪眼怒目，使大脑皮层和植物神经兴奋，加强气血的运行，长期如此锻炼，会促进肌肉发达，体力、耐力逐渐加大。

这段动作值得注意的是怒目，怒目在外国体操中是没有的。实践证明，怒目确有助于增强攥拳的气力，也是用力的表现，但其生理机制是否因为怒目时颈部肌肉加强而增加了臂力尚待进一步研究。一般来说，交感神经兴奋可促进两目圆睁，以至怒目。总之，怒目是否也可以促进交感神经的兴奋，尚待证明。不过，怒目有助于增强眼肌是确信无疑的。

这个动作要求马步，攥紧拳头，脚趾抓地，让脚底生根。两拳左右慢慢用力冲出，重点是叩齿怒目。中医讲：肝属木，开窍于目。攥拳怒目这个动作中的怒目瞪眼，就是疏通肝经。《黄帝内经》：肝在变动为握。肝气变化，首先体现在"握"上。肝气上升，人的本能就是握紧拳头，这个握的作用是要来抵消肝气上升带给人的伤害。攥拳怒目这个动作就是，睁大眼睛，怒目平视，也是为了疏泄肝气。因为肝开窍于双目，眼睛是肝外在的表现。经常练习能使肝血充盈，肝气疏泄又可以疏通肝经、胆经，加强气血的运行。

延开法师要领讲解：

第六势 攥拳怒目增气力
分解动作讲解

第六势 攥拳怒目增气力
完整示范

第七势　双手攀脚固肾腰

预备式：

双脚站立，左脚向左迈步与肩同宽，全身放松，舌顶上腭（如图1-97、图1-98）。两手自小腹上托至胸前，吸气。从胸前下按至小腹，呼气（如图1-99）。再吸气，两手上托至胸前。再呼气，两手下按至两脚的前端，两手扶脚，头向左后翻转动身体，保留三次呼吸（如图1-100～图1-102）。双手攀脚，向右后翻扭身，保留三次呼吸（如图1-103）。双手攀脚，身体转正，用力低头贴腿，双手攀脚，然后用力向前抬头（如图1-104）。起身双手从脚尖上托至胸前，下按至小腹，重复三至七遍（如图1-105～图1-107）。

动作重点：

动作的要点在于扳脚的同时向左后方看的时候要用力扭动，用力地向后扭头，向后方看，看的时候下半身不转动，只有上半身扭动。

双手攀脚扭身拉伸主要锻炼的就是我们的肾经和膀胱经，经常锻炼这个动作，我们腰肾功能就会很好。

图 1-97

图 1-98

图 1-99

图 1-100

图 1-101

图 1-102

图 1-103

图 1-104

图 1-105

图 1-106

图 1-107

　　这一段动作，既有前俯，又有后仰，可充分伸展腰背肌肉，同时两臂也尽力向下伸展，对增强腰部及下腹部力量有良好作用。

　　腰，是全身运动的关键部位，是人体重要组成部分，不仅包括腰肌、腰椎骨骼和重要神经，而且保护着内脏重要器官，如肾、肾上腺、输尿管、腹主动脉、下腔静脉等。腰部运动实际上也包括腹部及腹部所包括的各种人体组织和器官的运动。

　　至于肾，其作用是排泄人体在新陈代谢过程中产生的对人体无用或有害的终端产物。它排泄的种类最多，其量也大，具有调节水、电解质和酸碱平衡的机能，对保持体内环境的相对恒定起着重要作用。肾上腺等内分泌器官，更与全身各种代谢功能有密切关系。

按中医理论，肾的含义和作用则更广泛和重要，认为肾脏是"先天之本""藏精之脏"（"精"指本脏之精气与五脏六腑水谷所化生之精气，即维持人体生命和生长发育的基本物质），可见其重要性。

坚持练两手攀足可使腰肌延伸而受到锻炼，使腰部各组织、各器官，特别是肾脏、肾上腺等得到增强，既有助于防治常见的腰肌劳损等病，又能增强全身机能。但高血压病和动脉硬化患者，头部不宜垂得太低。

《黄帝内经·素问·脉要精微论》："腰者肾之府，转摇不能，肾将惫矣。"马莳注："肾附于腰之十四椎间两旁，相去脊中各一寸半，故腰为肾之府。"

平时我们锻炼身体，无论练习什么样的动作，都是以腰为轴。腰是所有运动的关键部位。拳谱云："练拳不练腰，终究艺不高"，可见腰肾的健壮对身体的重要性。

延开法师要领讲解：

第七势 双手攀脚固肾腰
分解动作讲解

第七势 双手攀脚固肾腰
完整示范

第八势　背后七颠百病消

预备式：

双脚并立，左脚向左迈步，与肩同宽，全身放松，舌顶上腭（如图1-108）。两手自小腹上托至胸前，下按至小腹，两手后背至身后，左手握住右手的手腕后（如图1-109）。脚后跟慢慢抬起，慢慢平落，重复做七次（如图1-110～图1-112）。两手向左右两侧伸开。从头顶压至胸前，收至小腹，收势（如图1-113～图1-118）。

这八势练习结束，整个身体的经络气血都疏通开了，通过这七次动作的颠震，让全身的气血贯通，达到养生延年益寿的效果。

动作重点：

这个动作的重点是起的时候要吸气，落的时候要呼气，要慢起平落。落的时候不是脚后跟猛落，脚尖要微微地上抬一下，这样力不会同时落到脚后跟上，这个力在脚面会达到一个平衡，会平落。

图 1-108

图 1-109

图 1-110

图 1-111

图 1-112

图 1-113

图 1-114

图 1-115

图 1-116

图 1-117

图 1-118

这段动作继续要求放松，但与两手托天动作正相反，托天动作是要把全身伸展，拉开，而这段动作是要使全身各器官、各系统受到轻微震动而复位，用中医针灸的术语来说，这是一开一合，很完整。

所谓诸病消或百病消，并非指单做七颠能消百病，而是指长期坚持练整套八段锦动作才可以增强整个身体，夸大些说就是"诸病消"或"百病消"。

这是八段锦最后一个动作，也就是以上七个动作全部练完，全身经络气血全部打开畅通。然后开始脚后跟抬起七颠，这个动作就是让全身各个器官和各个系统受到轻微震动而复位。八段锦的颠足运动，是为了收功震动人体的五脏六腑，改善三焦疏通水道，运行水液。所谓"三焦"是六腑

之一，其功能是通调水道和元气，可刺激督脉而调整人体的阴阳平衡，达到保健康复的作用。

延开法师要领讲解：

第八势　背后七颠百病消
分解动作讲解

第八势　背后七颠百病消
完整示范

少林站式八段锦完整示范

总结：

大家都在练养身，但是要贵在坚持。少林僧人在练功时有这样一句话："拳打百遍，其义自现，拳打千遍，不打自转"。意思是只要练得多，慢慢就会悟透里面的义理，打一千遍以上，随便往那儿一站，不用想都能练下来了，就是不打自转。真正练到一定境界的时候就是："拳无拳，意无意，无意之中是真意"，已经把拳意融会贯通到你的生活当中去了。

有一点时间我们都可以伸展一下筋骨，不受时空限制，随时都可以练，对我们的日常生活工作都会有帮助。练习八段锦只是一个开始，真正练好了之后，对我们的身心工作家庭都有帮助。身体好了，心性好了，做什么事情都会有精神。

少林坐式八段锦动作分解

第一势　献杵合掌势

预备式：

双腿盘坐，身要正。第一步就是调整身心，注意三调，调身、调心、调息。调身，就是坐姿上身要正，脊椎自然地垂直；调息，呼吸要细而长，不急不躁，身心放松，呼吸的时候气要下沉，用腹式呼吸；调心，心要静下来，浑身放松，舌顶上腭（如图2-1）。两手从小腹慢慢托起，吸气托到胸前。后呼气下按至小腹，重复三次调息（如图2-2、图2-3）。两手上托到胸前，右手用力握拳，左手握到右拳的下方，放到上焦的位置，两肩放松，身心放松，舌顶上腭，停留三次呼吸（如图2-4）。两手慢慢松开变掌，两掌从胸前慢慢向前推出，掌根用力推，推的时候呼气，推到前端，两臂开始慢慢回收，肩微微地向后收，吸气。后再向前推，呼气用力推，再微微地收吸气，再推，重复三次，推三次之后，两掌用力向里合，呈合掌势，但是两掌并不合拢，似抱个球一样（如图2-5、图2-6）。在中焦正前方，盘腿坐五分钟，最长不超过一刻钟。两掌开合，开的时候幅度要小，吸气，呼气，连续开合做七次。掌慢慢地合上收回胸前，收势（如图2-7～图2-9）。

动作重点：

这个动作的重点是刚开始的时候身心要清静，全身放松，用气各个方面都要顺畅。

　　练这个功的时候，第一个动作也非常重要，整个身心静下来，动作气血才会顺畅。三调身，坐姿身体要自然地垂直，不要太挺，否则火气会往上走，也不要含胸，否则会胸闷气短。

　　少林祖师讲：人之气血，行于虚，而至于实，必以心意引领方能畅运全身。练功的时候，内心要完全放下，就是要放下万缘制心一处。一处就是内心，没有外在分别的心在练功。以心意来引导气血和功法，才能把功法练好，把气血运达至全身，滋养我们的身心脏腑和百骸。

图 2-1

图 2-2

图 2-3

图 2-4

图 2-5

图 2-6

图 2-7

图 2-8

图 2-9

延开法师要领讲解：

第一势　献杵合掌势
分解动作讲解

第一势　献杵合掌势
完整示范

第二势　虚托开胃势

预备式：

如上势，盘腿坐下，调身、调心、调息，身心放松（如图2-10）。两手从小腹吸气上托，托至上焦胸前。翻掌下按至小腹，一次调息（如图2-11、图2-12）。从小腹再次吸气上托至胸前，两掌从胸前向左右两侧用力推掌，呼气。然后收肩，收两臂，弯曲吸气，再推，呼气。再微微地收臂松肩，吸气，再推开，呼气，连续三次。两掌向胸前合掌。注意，两个掌并不合到一起，合到胸前。掌根用力，保留七次呼吸（如图2-13～图2-15）。两掌从胸前下按至小腹，然后两掌从小腹微微再向上托起，一直推到头顶。眼睛看着双掌用力地向上推，掌根用力。松肩、微微地下收两肩和手臂，眼睛平视，再上推，抬头向上看，呼气。再松肩，微微下收，眼睛平视吸气，再昂头用力向上推，呼气，重复三至七次（如图2-16～图2-18）。翻掌下按至小腹，收势（如图2-19）。

动作重点：

这个动作的重点就是两肩向两侧推开，用力地伸展，拉开我们的肺经，还有心包经，用力地推，推开之后向里收。收时保留七次呼吸，呼吸要细而长，不急不躁，不能过于急促。

练这些功法最主要的就是要会用气，练功的时候要注意每个动作的形、神、意、气。每个动作都需要一个长久的练习过程，形是形态，先把形态练好，神自然就有了，更要注重动作的意念和气力。修养身心必先学会运气，以气为精神的枢纽。祖师曰："精之在身，如水之在地，精之发

源于天河，注于脏腑，达于肢体。如水之发源于昆仑，散于沟渎，汇于河海。身之有神，是运气化精之主宰，而气则如二，气之流行于四时，分散于四方，下降上腾，清升浊降，阳之积而成日，阴之凝而成月。"这是祖师们讲的练功运气说。就是我们在练功的时候如何用气练气，这些是至关重要的。

图 2-10

图 2-11

图 2-12

图 2-13

图 2-14

图 2-15

图 2-16

图 2-17

图 2-18

图 2-19

117

延开法师要领讲解：

第二势　虚托开胃势　　　　第二势　虚托开胃势
　分解动作讲解　　　　　　　　完整示范

第三势　舒肝理肺势

预备式：

盘腿静坐，如前势，调身，身体坐正。调息，用腹式呼吸。调心，心要静下来，舌顶上腭（如图2-20）。吸气，两手从小腹上托至胸前，呼气。下按至小腹，左掌从小腹向右肩穿掌（如图2-21～图2-23）。翻掌画半圆，画到左侧，从左侧背到后背上，掌心朝外，右掌向左肩方向四十五度用力穿掌；穿的时候呼气，收的时候吸气，做三次（如图2-24）。右掌翻掌向外画圆，从右侧背到后背，掌心朝外。左掌向左侧伸开，向右肩四十五度穿掌，用力穿掌呼气，收吸气，同样做三次（如图2-25～图2-30）。左掌放到右臂的腋下，右臂向右侧伸展开，然后右臂向左肩方向穿掌，平穿，掌心朝下，左手握在右肩腋下，用力穿三次（如图2-31、图2-32）。然后右手放在左臂的腋下，左掌向左侧伸开，掌心朝上，然后左掌向右肩方向穿掌，掌心向下，用力向右侧伸展，穿掌呼气，收吸气，做三次（如图2-33、图2-34）。两掌从左右向两侧伸展开，从头顶下按至小腹，收势（如图2-35、图2-36）。

动作重点：

这个动作的重点是练习过程中要配合好呼吸，心要静下来。用力穿掌时，两侧用力向两边穿掌，指尖用力。

左右穿掌动作往左右伸展得比较多，可以是上托掌或者下按掌，向左右两侧伸展的时候，力达指尖，指尖就是筋梢。

少林寺养生功法练习时特别注重两点：一是养气，二是练气。

养气在古代是指养浩然之气。浩然之气可以通过锻炼身心来逐渐增加。气来自大自然，在练习的时候盘腿，气聚于丹田，运于全身，行于梢。通过经常练习，人精气足，整个精神状态自然就好。所以经常练习这种功法，可以使人身心得到升华。

图 2-20

图 2-21

图 2—22

图 2—23

图 2-24

图 2-25

图 2-26

图 2-27

图 2-28

图 2-29

图 2-30

图 2-31

图 2-32

图 2-33

图 2-34

图 2-35

图 2-36

延开法师要领讲解：

第三势 舒肝理肺势
分解动作讲解

第三势 舒肝理肺势
完整示范

第四势　三焦达利势

预备式：

盘腿静坐，两手从小腹托掌到胸前，吸气。下按至小腹，呼气（如图2-37～图2-39）。从小腹两掌十指相扣，上托至中焦下。翻掌下按十指紧扣。扣指到盘坐的前边，用力向下按。按的时候两肩向中间合，下按时呼气，上提时吸气，做三次。按三次之后翻掌十指相扣，再托至中焦，向身体的正前方。盘腿冲出之后，身体用力向前探，探到不能再探之后，两掌十指相扣，松开，两掌外翻，向两侧分开呈半圆状，停留三至七次呼吸（如图2-40～图2-42）。然后继续向两侧画圆，画圆到背后两手搓腰，身体微微向前探，两手搓腰，用力地搓。这个时候要叩齿，舌顶上腭，牙齿紧叩，用力搓，一直搓到背部发热（如图2-43、图2-44）。十指相扣，向后方用力下按。下按的同时，头向上昂。用力向后方下按的时候，用力向后昂头（如图2-45）。向后昂头，三焦自然展开，低头吸气，然后抬头，向后方按，呼气，这样做三至七次，两掌同时向上，左右两侧分开，从头顶下按至小腹，收势（如图2-46、图2-47）。

动作重点：

这个动作的重点是前合和后拉，往后拉的时候，就像两只手从后边向下方拽你的手一样用力。拽的时候头用力往上抬，抬的时候，整个胸上焦、中焦、下焦有很深的拉伸感，才能达到效果。在练功的时候，身心一定要静，不要胡思乱想。两唇要微合，舌尖顶上腭，咬牙闭呼吸谓之上封锁，最忌张着嘴，气容易散，闭沉调呼吸气力自增多。

图 2-37

图 2-38

图 2-39

图 2-40

图 2-41

图 2-42

图 2-43

图 2-44

图 2-45

图 2-46

图 2-47

延开法师要领讲解：

第四势　三焦达利势
分解动作讲解

第四势　三焦达利势
完整示范

第五势　摘星换斗势

预备式：

盘腿静坐，身心放松，制心一处，如前势。调身，坐姿，调息，腹式呼吸，调心，放下万缘至心一处（如图2-48）。小腹吸气，两手慢慢托起到胸前。翻掌下按至小腹，两掌微微向上托起，左手在下，右手在上，左手向左侧下方按掌。右掌上托至头顶，用力推三次。上推下按用力拉伸，昂头，呼气，胳膊弯曲，眼睛平视，吸气，再推，用力拉伸。呼气昂头，吸气平视，做三至七次（如图2-49～图2-52）。两个手腕旋腕一百八十度，从小拇指开始一个指头一个指头地收。下提上拉用力地"摘星换斗"，拉回胸前，两拳交叉到胸前（如图2-53、图2-54）。左手向左侧推掌，右手握拳，呈拉弓势拉开（如图2-55）。左手向胸前收，右拳变掌，两手交叉到胸前，右手在里，左手在外（如图2-56）。上势右掌上推至头顶，左掌按至右侧下方，左手上推，右手下按，用力拉伸，呼气、昂头，吸气、平视。手微微地弯曲，用力上推下按昂头，呼气，做三至七次。两手同时如前势手腕旋转一百八十度手伸直，从小拇指开始一个指头一个指头地收变拳（如图2-57、图2-58）。用力上拉下提到胸前变成两拳，然后右手变掌，向右侧推出，左手握拳，如拉弓势用力拉开，然后两手变掌交叉收到胸前，然后下按至小腹，收势（如图2-59～图2-62）。

动作重点：

这个动作的重点是将浊的东西吐出来，新的东西纳进去，摘星换斗能让我们的身体脱胎换骨，强壮脾胃，增强心肺。

137

图 2-48

图 2-49

图 2-50

图 2-51

图 2-52

图 2-53

图 2-54

图 2-55

图 2-56

图 2-57

图 2-58

图 2-59

图 2-60

图 2-61

图 2-62

延开法师要领讲解：

第五势　摘星换斗势
分解动作讲解

第五势　摘星换斗势
完整示范

第六势　十字通关势

预备式：

盘腿静坐，全身放松，舌顶上腭，两手从小腹向上托起到胸前（如图2-63、图2-64）。吸气，翻掌下按，呼气，然后两掌从小腹上托至胸前，两掌从胸前向左右两侧伸开，手心朝上，用力伸展。然后两臂回收微微弯曲，吸气。用力再伸，呼气。力达指尖，两臂在左右两侧弯曲，吸气。伸展开，呼气。来回做三至七次（如图2-65～图2-67）。然后翻掌下按，两掌同时从左右两侧向下按掌，呼气，向上托掌，吸气，做三至七次（如图2-68～图2-70）。两掌向胸收回，左手抱右肩，右手抱左肩，两肘相扣，向左旋，转头向左后方看，向右旋转，头向右后方看，左右一次做三至七次（如图2-71、图2-72）。身体向前探，向后仰，这样重复做三至七次，两掌向左右两侧分开，从头顶下按至小腹，收势（如图2-73、图2-74）。

动作重点：

这个动作在练习的时候，两掌向左右两侧穿掌展开，伸开时力达指尖，两手用力向两侧伸。刚开始的时候力达指尖要用力，舌顶上腭，眼睛平视。翻掌下按，力达掌根，下按上托，也是力达掌根，掌根用力，上托的时候要空掌向上托，下按的时候要实掌下按，指头伸直，掌根用力。

注意两掌的变化，两手抱到一起，扶着左手抱右肩，右手抱左肩，然后旋转的时候要慢旋转，头跟着向后旋转，同时配合着呼吸，这个动作要慢，配合呼吸，气要细而长。

图 2-63

图 2-64

图 2-65

图 2-66

图 2-67

图 2-68

图 2-69

图 2-70

图 2-71

图 2-72

图 2-73

图 2-74

延开法师要领讲解：

第六势 十字通关势
分解动作讲解

第六势 十字通关势
完整示范

153

第七势　负重固腋势

预备式：

盘腿静坐，全身放松，舌顶上腭，如上势（如图2-75）。调身，身子要坐正；调息，用腹式呼吸；调心，心不能胡思乱想。小腹吸气，两手上托至胸前，呼气下按至小腹。两掌向前，左手向左，右手向右，指尖画圆三百六十度，两掌心朝上，收回腰间（如图2-76～图2-81）。两掌上托，用力向前方托起，像抬着托盘一样托，然后用力下按，高度不能超过中焦，两掌下按到盘坐两腿的中间，下按的时候挺胸拔背，怒目叩齿。再平托，托至胸前。不能高于下巴，托的时候吸气，按的时候呼气，用力按下到两腿之间，按的时候也如前势，挺胸拔背，怒目叩齿，眼睛看着前方，做三次。两掌下按到两腿之间，左手向左，右手向右画圆，两掌两肘收回，两腋之间两掌托于下巴两侧，用力向上托，就像上举一个重物一样，托的时候抬头，两掌上托与下巴平，收回眼睛平视，然后用力再往上托，托得与下巴平不能再高，这样重复托。托三次之后，两掌下按两腿盘坐之间，然后左手向左，右手向右，画圆三百六十度，然后再托至下巴处，两肘护住两腋，推三至七次。两肘收回到胸前，下按至小腹，收势（如图2-82～图2-85）。

动作重点：

向上托的时候，就像举重物一样。两手托的时候两肘不能架开，要护住两腋，推的时候要用力向上推，两肘不能离开两腋，配合好呼吸。

图 2-75

图 2-76

图 2-77

图 2-78

156

图 2-79

图 2-80

图 2-81

图 2-82

图 2-83

图 2-84

图 2-85

延开法师要领讲解：

第七势　负重固腋势
分解动作讲解

第七势　负重固腋势
完整示范

第八势　握固还原势

预备式：

起势如前势，盘腿静坐，全身放松，舌顶上腭（如图2-86）。小腹吸气，两手向上托起，托到胸前，翻掌下按至小腹，两手呈交叉状（如图2-87、图2-88）。在盘坐之间，身体向前探，两手交叉向前推出，推出之后两手两掌向左右分开，呈半圆状（如图2-89、图2-90）。身体要正，这样保留三次呼吸。眼睛顺着鼻子向下看，眼观鼻、鼻观心，将心从外边收回来，平心静气三次呼吸。然后两掌从下往上合掌收回到胸前，两掌缓缓向头顶穿出呈合掌势，用力地向上，昂头，掌尖用力向上（如图2-91）。然后两掌从上慢慢向后，用力地向后伸。两手慢慢收回胸前，收回腰间，两手掐腰，摇头晃脑。左摇三下右摇三下，要慢摇，不能太快，摇完之后两手在腰间变拳，冲拳（如图2-92～图2-99）。左一拳右一拳，叩齿怒目，收拳吸气，出拳呼气，左三拳右三拳，冲三拳后，两拳变掌，收回到左右腰间（如图2-100～图2-102）。然后右手握拳在胸前，左手握住右拳，呈握固势。肩肘腰胯全身放松，平心静气，眼睛微微地闭上，保留七次呼吸。两手向两侧伸展开，从头顶合掌到胸前，这是坐式八段锦的第八个动作（如图2-103）。

动作重点：

把前面的七个动作融会贯通，整个动作都是上身动作。从内在脏腑的运动，到经络气血的锻炼，再到外在的肩、胯、肘、腰、颈全部都伸展开，锻炼到。摇头晃脑可以把全身的经络打开，最终达到延年益寿，强身健体的作用。

图 2-86

图 2-87

162

图 2-88

图 2-89

图 2-90

图 2-91

图 2-92

图 2-93

图 2-94

图 2-95

图 2-96

图 2-97

图 2-98

图 2-99

图 2-100

图 2-101

图 2-102

图 2-103

170

延开法师要领讲解：

第八势　握固还原势　　　第八势　握固还原势
　分解动作讲解　　　　　　完整示范

少林坐式八段锦完整示范

总结

八段锦分为站式和坐式,站式八段锦是站着练习,坐式八段锦是坐着练习。坐式八段锦在我们日常工作和生活当中比较实用,特别是久坐办公室锻炼少的人群,比较适合练习。坐式八段锦最早是辅助于参禅打坐,打完坐之后练一练,用于缓解身体的困顿,让禅者不容易昏沉,气血比较充足。练习坐式八段锦,不一定要练完,能把肩、腰、颈整个地舒展开,就能缓解我们的疲劳,让精力更加集中。

常练少林八段锦身心就会具足三性:"心为勇性,眼为见性,耳为灵性。"心为勇性,经常练习,会练成不动心,遇事不惊不慌不惧,放如下山的猛虎,收如缩身的狸猫,练就勇猛而收放自如的心性。眼为见性,看东西会更清楚。耳为灵性,耳朵也会更敏捷。所以练习少林八段锦最主要的是持之以恒的练习。时间长了之后,自然会受用。

少林八段锦长久练会寒暑不入。寒暑不入就是也不怕冷,也不怕热。身体也不容易生病,身体健康了,可以延缓衰老,强健不衰,身体更强壮。冻饿不破,冷了饿了都不会对身体造成紧迫感。长时间地坚持练习,身体会更健康。

每一个功法的练习,最终的目的都是调养我们的身心,疏通我们的经络,少林祖师讲:"百练不如一站,百站不如一参。"增强其体魄,一个人具足了智慧和力量,才能去创造价值。练习中要注意形、神、意、气和手、眼、身、法、步的配合,最终达到身心健康、气力充沛、骨壮筋强的效果。

少林功夫"禅武合一"的精神境界

少林功夫是技术知识体系，其中隐含着一套严格的学习模式。僧人修习少林功夫可以使内涵和品质得以提升，达到"禅武合一"的境界，这就是中国古代所说的"禅武不二法门"。

初步境界为习其外表，练其外形，即对自己外部形体的锻炼。中层境界为"禅拳合一"，化有形为无形，变有法为无法，无法可依，无招可循，制敌于无形中。少林功夫的最高境界是用"心"法指导一切，所斗之术为"心"法之争，非"形"法之战，即由武入禅，由定生慧。此慧已是禅武合一的般若智慧，非是常人之智慧。

在少林功夫中禅是武的精神本质，武是禅的表现形式，以禅入武，便可达到少林功夫的高层境界，也就是禅道。

少林八段锦健身养生的功能，体现出中国古代"天人合一"的思想。少林功夫作为技术体系，具体表现为武术套路。套路是由一组和多组动作组合起来的。

少林功夫动作的设计和组合套路，都建立在中国古代的人体医学知识之上，合乎人体的运动规律。动作和套路讲究动静结合、阴阳平衡、刚柔相济、形神兼备，其中著名的有"六合"理论，即手与足合、肘与膝合、肩与胯合、心与意合、意与气合和气与力合。最合乎人体自然结构的动作，才是最合理的，这也是中国古代"天人合一"思想的表现。

少林功夫经过漫长历史的检验，不断地去芜存菁，留传下来的套路，都是非常珍贵的精华部分，能使人体潜能高度发挥，形成最优化的人体运

动方式。所以，少林功夫大都具有健身的养生功能，其中少林八段锦是非常著名的健身养生功法。

　　一千五百多年来，少林寺形成了"武以寺名，寺以武显"的文化特征。少林寺作为中国武术圣地和禅宗祖庭的特殊地位，它首先是中国武术文化发展的见证，同时也是由外来佛教文化本土化而形成的禅宗文化发展历程的见证。少林功夫"禅武合一"的品质和内涵，使它成为少林文化最具代表性的符号。

练习的注意事项

早、午、晚三练。晨练吐垢纳新，午练顺逆精气蓄，夜深旋气发精锐，弹指穿木如插席。

早练：人体经过一夜平卧，体内的浊气必然聚积。而早晨练八段锦，一可舒展筋骨，泄尽浊气；二可纳入新气，身体吐垢纳新。

午练：人体经过半天的活动，易致气逆，失静，从而烦躁无力。午练可调气归穴，导静畅顺。但午练时间不宜过长，一般十至十五分钟即可。

披星练：也叫夜深练。夜半更深，万籁俱寂，宜使思纯心专，气宜领发。

每天早晨三呼三吸，吐垢纳新时，必须选择空气清新、视野开阔、安静的场所，免得吸入浊气，导致胸肺滞积，影响身体健康。

不要在饥饿时、刚吃过饭后、过量饮酒后、情绪不佳时、说话时等状态下练功；也不要在大风中、面对强光时、雷雨闪电等天气状况下练功。练习时衣服要宽松舒适，放下手机，摘除手表、眼镜等物。练习前要排大小便。练习过程中要循序渐进，切不可杂乱无章，操之过急会影响身体健康和练功效果。

在练习后常会有肌肉、腿、臂、腹等处酸痛的感觉，是很正常的反应，坚持练习，注意好练习强度。在练习一段时间后，酸痛感会逐渐消失，同时会感到精神旺盛、体力充沛，食欲和睡眠都会有所改善。所以我们一定要循序渐进、持之以恒地认真锻炼。

有身心疾病的人员，一定要听从医生的建议，自己控制好强度，确保练习的安全性。

后 记

　　《少林八段锦》终于和广大健康爱好者见面了，本书是对少林八段锦与人们生活之间关系的概述，特别是对人们的健康生活有着积极的促进作用。未来，健康产业发展会日新月异，发展势头迅猛。面对这一形势，我们在古本书籍和传承的基础上，在结合现代人的生活方式等方面，增加了一定的内容，也增加了编辑工作的难度，并对工作方法进行了一定的创新。我们在编写此书时，得到我的恩师——少林寺方丈释永信大和尚的大力支持。这本书，也倾注了我本人的大量心血，希望通过倡导健康的生活方式，让更多人来了解健康，提高健康意识，并了解少林文化，从中受益。

　　呈现在大家面前的这本《少林八段锦》，是一本适合现代人阅读的实用性书籍。少林非物质文化遗产资源极其丰富，我们不断把整理挖掘出的少林文化遗产，尤其是少林健康的生活方式呈现给大家。《少林八段锦》是本套"健康的生活方式"系列丛书中的一册，随后还有《少林十二段锦》《少林风摆柳功》等系列书籍。

　　值此书付梓之际，作为本书的作者，我衷心地感谢恩师释永信大和尚为本书作序，感谢中央民族大学出版社社长兼总编辑赵秀琴给予的大力支持和指导，感谢少林寺网站负责人、《禅露》执行主编邹相提供的诸多帮助，感谢少林寺的师兄弟们提供的精美配图。我和本书的策划与编校团队，谨向所有支持和参与本书工作的各位老师、朋友、师兄弟们表示真挚的谢意。

　　本书是我长期坚持少林健康生活方式的一次小结，也是将少林健康生活方式集中呈现的一次探索。在编写本书时，我们参考了《少林易筋经》《少林寺武功医宗》等古本和手抄本，也结合了本人多年的经验和体会。因水平有限，书中难免有不妥和纰漏之处，欢迎读者批评指正，我将不断完善。再次感谢！

释延开

2023 年 3 月 6 日

于少林寺下院水峪寺方丈室